SOUS LES AUSPICES DE MARIE.

NOTRE-DAME DE BONNE-ESPÉRANCE, PRIEZ POUR NOUS.

JÉSUS, MARIE, JOSEPH.

Abrégé du genre de Vie
que l'on mène
au monastère de Notre-Dame de Bonne-Espérance
des
Religieuses de l'ordre de Citeaux
de Notre-Dame de la Trappe,
à la Cour-Pétral, près la Ferté-Vidame,
au Diocèse de Chartres
(Eure-et-Loir),
En faveur de celles qui demandent à y être admises.

Vous, que le Seigneur daigne choisir pour goûter le bonheur de la solitude qu'il n'est pas donné à tous de comprendre; ô vous, dis-je, à qui le divin Esprit a fait

1847

entendre sa voix si attrayante, venez à l'ombre des autels et de la croix, vous délasser des soins pénibles de la vie, et vous reposer des agitations inséparables du commerce du monde. Oui, heureuses les ames que Dieu appelle dans la solitude ! Sur elles s'accomplissent ces promesses qu'il avait faites à son peuple par Isaïe : *Mon peuple se reposera dans les douceurs de la paix, il habitera loin du tumulte, dans les tabernacles de la confiance.*

Telle est la vie tout intérieure des filles de Saint-Benoit, qui, appelées par un principe surnaturel à aimer et à contempler leur divin époux, tendent à lui par toute l'ardeur de leurs désirs, en lui offrant à tous les instants de leur vie, un sacrifice d'adorations, de louanges et d'actions de grâces. Inconnues au monde et connues de Dieu seul, elles ont oublié la terre, pour ne plus aspirer qu'à leur véritable patrie. La sérénité qui rayonne sur leurs fronts et le calme qui est répandu sur toute leur personne, attestent la pureté de leur bonheur, et témoignent hautement de leur joie et de leur paix intérieure. Ils se trompent donc grandement ceux qui ne comprenant pas ce que Dieu peut mettre de contentement dans le cœur, se forment, sans aucun fondement, des préjugés sur les monastères de la Trappe, traitent de misanthropes, de mélancoliques, de folles, de suicides même, des ames que l'esprit de Dieu a rassemblées, et qui n'ayant toutes que les mêmes intérêts, les mêmes espérances, vivent dans l'union et la concorde la plus parfaite. Ce petit abrégé ne permet pas de réfuter leurs erreurs, mais le Saint-Esprit lui-même les avait déjà réfutées il y a trois mille ans, par ces paroles si frappantes de justesse et d'actualité : *Ils ont paru mourir aux yeux des insensés... mais ils sont en paix* (Sag.). Au reste, ceux qui tiennent ces propos, ignorent sans doute de quelle douce félicité jouit déjà l'humble habitante des cloîtres ; sans cela ils ne condamneraient pas si inconsidérément une profession qui a mérité l'estime et l'admiration de tous les Saints. Saint-Augustin, ravi des perfections de l'état religieux, avoue franchement qu'il n'a pas de paroles pour exalter son mérite et sa dignité. Enfin c'est aux religieux que Dieu a fait cette consolante promesse : *Le centuple en cette vie et la vie éternelle en l'autre.* Oh ! disons-le avec le Saint Abbé de Clairvaux : « La Religion est un véritable ciel, « c'est une imitation de la vie des esprits célestes. » Ce même Père ajoute : « Homme, fuis les hommes, embrasse la vie religieuse, et tu seras sauvé. » En effet, il est un fait constant et qui a toujours été observé dans l'ordre de Citeaux : c'est le calme, la douce confiance, la sainte joie qui accompagnent les derniers moments de ceux qui y meurent.

On pourrait résumer en ces mots la vie des Trappistines : prier, chanter, méditer, lire, veiller, jeûner, travailler ; mais quelques détails abrégés feront mieux connaître les saintes occupations qui partagent leurs moments, et donneront en même temps une notion exacte sur leur Monastère.

Les Trappistines suivent la règle de Saint-Benoît, qui a toujours passé pour un chef-d'œuvre de prudence et de sagesse, et qu'un Concile a dit avoir été inspirée par le même esprit qui a dicté les Saints Canons ; que les Souverains Pontifes ont approuvée, et qui l'a été également par le Pape Grégoire XVI, d'heureuse et sainte mémoire, qui a reconnu les Trappistines pour de véritables enfants de Citeaux, et les filles légitimes de Saint-Bernard. A des autorités si respectables, on peut ajouter le témoignage flatteur de l'intérêt et de l'estime que porte à cette maison Monseigneur l'Evêque de Chartres, qui soutient, encourage et honore ce Monastère de sa haute et bienveillante protection.

Qu'on ne s'imagine pas que la règle de cette maison s'oppose aux soins que réclament les malades; cette règle pleine de discrétion, ainsi que les constitutions particulières, faites pour les Religieuses et approuvées par le Saint-Siège, a pourvu à tout. Le médecin qui voit chaque malade, prescrit à chacune ses ordonnances, et on peut dire que les infirmes sont l'objet des soins les plus tendres et les mieux dirigés. Elles reçoivent tout ce qui est nécessaire à leur état de maladie ou d'infirmité, et les services qu'on leur rend procèdent toujours de la plus attentive charité.

Au reste, la règle est loin de surpasser les forces de la nature, comme le prétendent ceux qui ne la connaissent pas. On voit chez les Trappistines des personnes d'une santé faible se soutenir parfaitement et même se porter beaucoup mieux que dans le monde. Le bonheur et le contentement y contribuent sans doute pour beaucoup. Il faut ajouter que l'air y est pur, et la nourriture saine et abondante. On fait usage de lait dans les soupes, les portions, etc. Quelques fruits sont donnés pour dessert. Pendant six mois de l'année on dîne à 11 heures et demie, et l'on fait la collation le soir. Le reste du temps, le dîner est à 10 heures et demie, et l'on soupe à 6 heures. On donne quelque chose le matin à celles qui sont trop faibles, pour attendre l'heure du dîner. On fait abstinence en tout temps, excepté les malades, qui ne sont pas assujéties à l'austérité de la Règle. Il y a en tout temps sept heures de sommeil. Une paillasse ordinaire est tout l'ornement du lit où repose toute vêtue l'heureuse Trappistine, pour marquer qu'au milieu même de la nuit elle est toujours prête à aller au-devant de l'époux et à courir à l'église pour y chanter les louanges et les miséricordes deDieu. On est couvert le jour et la nuit selon que la température le requiert. Le lever ordinaire est à 2 heures.

L'office et l'oraison se terminent à 4 heures. Pendant le premier de ces Saints exercices, on est tantôt debout, tantôt assis.

Les Sœurs ont des rapports entre elles, mais par des signes gracieux et prévenants; elles s'aiment comme des sœurs et ne se rencontrent jamais sans se saluer affectueusement. Elles parlent à leur supérieure et à leur maîtresse toutes les fois qu'elles en ont besoin, et celles-ci préviennent, par leur vigilance, les besoins spirituels et corporels de celles qui les entourent.

Le travail des Religieuses de chœur est de 4 à 5 heures par jour. Jamais on ne travaille de manière à nuire à sa santé.

Après les repas on se promène pendant une demi-heure dans les jardins et les bosquets charmants que renferme le vaste enclos du monastère. Celui-ci, du reste, très beau et tout neuf, est situé dans un endroit fort sain et fort agréable.

Il n'y a point d'autres pénitences prescrites que celles dont on vient de parler. Le renoncement à sa volonté, l'obéissance, l'humilité, l'abnégation, sont des sacrifices de chaque instant, très agréables au Seigneur, et les plus recommandés parmi nous.

On se confesse tous les huit jours, et plus souvent si on le désire. Les communions de Règle, à les considérer en général, vont à deux par semaines, sans compter celles de surérogation qui sont accordées de temps en temps. Entre les offices et le travail sont des intervalles consacrés à la lecture ou à la prière.

Uniquement occupées de leur ame, et étant séparées

de tout ce qui peut les en distraire, les Trappistines n'aspirent qu'à savoir Jésus crucifié. Le chant de l'Office divin, qui est, suivant St. Benoît, l'œuvre de Dieu par excellence, est la principale occupation des Religieuses de chœur; et le jour et la nuit elles font monter vers le trône de Dieu l'encens de la prière et les soupirs de leur cœur, sollicitant des grâces pour ceux qui sont exposés aux tempêtes du monde, et priant pour le succès de leurs frères employés aux travaux apostoliques. Combien se trompent donc ceux qui s'imaginent que les personnes retirées sont inutiles au monde! N'est-ce pas la prière, soutenue de la pénitence, qui apaise la colère de Dieu et attire ses miséricordes? Moïse levant les mains sur la montagne, tandis que les Israélites combattaient dans la plaine, était-il inutile à son peuple, ou plutôt n'était-ce pas lui qui leur procurait la victoire?

Les têtes exaltées, les esprits faux, mélancoliques et atrabilaires, ne sont point admis chez nous.

Pour être Religieuse de chœur, il faut savoir lire passablement le latin, ou être au moins capable d'apprendre à le lire correctement.

Le Postulat est de trois mois.

Le Noviciat d'un an au moins.

La dot se donne à la profession.

Il n'y a pas d'âge déterminé pour l'entrée en religion. On reçoit à 50 ans comme à 17, pourvu qu'on ait bonne volonté et qu'on cherche Dieu seul. Le Seigneur reçoit à la 11e heure comme à la première, tous ceux qui se présentent pour travailler à sa vigne.

Lorsqu'une Postulante désire être admise, on lui envoie la note du trousseau.

On peut voir quelquefois au parloir ses père et mère, frères et sœurs, même après la profession.

Toutes sortes de personnes ne sont certainement pas appelées à quitter le monde pour la solitude ; mais celles que Dieu y appelle y trouveront de puissants moyens de sanctification, si elles suivent sa voix. Il vous importe donc, ô vous qui vous sentez attirée au désert, de bien discerner si c'est véritablement l'Esprit de Dieu qui vous anime.

Mais après que vous aurez reconnu que c'est lui qui vous parle au cœur, ne différez point d'exécuter ce qu'il vous inspire : souvenez-vous de ce que dit saint Ambroise : « La grâce du Saint-Esprit ne connaît point de lâches retardements. » Cette grâce, comme nous l'enseignent les maîtres de la vie spirituelle, a ses temps et ses moments : si on la rejette par endurcissement, ou si on la néglige par indifférence, elle se retire bientôt et nous laisse à nous-mêmes. Et malheur à ceux qui ne répondent point à l'inspiration divine dans un choix de cette importance ! ils doivent craindre de n'être pas trouvés propres au royaume de Dieu. Quel aveuglement de s'exposer ainsi à perdre son éternité ! Ayez donc une grande confiance en celui qui, après vous avoir appelée, ne manquera pas de vous donner le secours de sa grâce pour soutenir une entreprise qu'il vous aura lui-même suggérée. Dites avec saint Paul : *Je puis tout en celui qui me fortifie.* Et encore avec saint Augustin : *Ne pourrais-je donc pas, avec le secours de la grâce, ce que peuvent ceux-ci et celles-là ?* Pensez que, si le chemin de la Croix a ses difficultés, il a bien aussi ses douceurs. *Les hommes voient la croix*, dit saint Bernard, *mais ils ne voient pas l'onction*, c'est-à-dire ces ineffables délices et consolations qui remplissent le cœur d'une bonne et fervente religieuse.

Chartres, Impr. de GARNIER, Place des Halles, 16 et 17.

www.ingramcontent.com/pod-product-compliance
Lightning Source LLC
Chambersburg PA
CBHW061618040426
42450CB00010B/2549